FACE AUX

CHEVAUX SAUVAGES

Yva Momatiuk et John Eastcott

NATIONAL GEOGRAPHIC
jeunesse

Après une longue attente dans le froid, John est récompensé par un nez à nez avec cet étalon mustang espagnol poussé par la curiosité.

FACE À FACE

Toute petite déjà, je pensais aux chevaux, bien avant que mon mari John et moi commencions à les photographier dans la nature. J'ai grandi à Varsovie, capitale de la Pologne, après la Seconde Guerre mondiale. J'ai vu les immeubles en ruine, peu de voitures et beaucoup de chevaux. Les chevaux tiraient des charrettes chargées de légumes, de fruits et de lait, la nourriture dont tout le monde avait besoin.

Les chevaux étaient robustes mais dociles, et je n'avais pas peur d'eux. Je leur parlais et caressais le bout de leur

Dans un alpage, cette jument semble brouter paisiblement. Elle est pourtant toujours en alerte et prête à prendre la fuite.

UN CHEVAL À PLUSIEURS DOIGTS ?

— Voici des millions d'années, un petit mammifère appelé *Eohippus* vivait dans les forêts nord-américaines. Il portait 4 doigts aux membres antérieurs et 3 aux membres postérieurs, chacun garni de petits sabots.

— Ces herbivores grandirent. Certains doigts disparurent pour permettre aux chevaux de mieux échapper aux prédateurs.

— Avec le temps, ces animaux ont évolué et ils sont devenus ceux que nous nommons *Equus*. Ils se déplaçaient sur un seul doigt garni d'un sabot et certains ressemblaient aux chevaux, zèbres et ânes d'aujourd'hui.

— *Equus* a évolué jusqu'au cheval moderne. Il est passé par la bande de terre entre l'Alaska et l'Asie, puis a gagné l'Europe et l'Afrique. Il a disparu d'Amérique du Nord, peut-être à cause de la chasse. Puis les Espagnols ont ramené des chevaux domestiques en Amérique, il y a environ 500 ans.

nez soyeux. Ils portaient des harnais en cuir et travaillaient dur. Mais dans mes rêves, je les voyais galopant la crinière au vent, libres comme l'air. Ils étaient, pour moi, les plus beaux animaux du monde.

Bien des années plus tard, je partis pour les États-Unis et m'installai dans le Wyoming. Un jour de printemps, je me rendis dans le Désert Rouge et suivis une piste de graviers entre les « buttes », des collines rocheuses au sommet aplati. La neige venait juste de fondre. Je vis un groupe de chevaux immobiles qui me regardaient. Ils avaient le corps épais, le poil long. Et ils n'étaient pas marqués au fer comme le sont, dans l'Ouest, tant d'animaux domestiques. C'étaient des chevaux sauvages !

Je saisis mon appareil et me dirigeai vers eux. Les chevaux me regardaient venir avec curiosité. C'était une petite famille composée de plusieurs juments, accompagnées de leurs poulains et d'un étalon dont la crinière lui battait le poitrail. Il renifla l'air ambiant, frappa le sol du sabot et hennit bruyamment. Je compris qu'il m'avertissait de rester à distance.

Je m'immobilisai, mais trop tard. L'étalon se précipita vers moi. Je me retournai pour fuir, mais je trébuchai et tombai à terre. J'entendis le piétinement de ses sabots pendant qu'il décrivait autour de moi des cercles, en hennissant et en soufflant. Terrifiée, je ne bougeai pas d'un cil. L'étalon s'éloigna au galop, rassembla sa famille

L'étalon veille sur sa harde en décrivant des cercles autour de moi en piaffant. Le rôle des étalons est de protéger la harde. Ils passent moins de temps à paître ou à dormir que les juments.

et disparut dans le désert. Mon cœur battait fort, mais j'étais heureuse. Je venais de rencontrer des chevaux sauvages face à face. J'avais aussi appris qu'au lieu de les approcher et de les déranger, je devais attendre que ce soit eux qui décident de venir à moi.

Plus tard, je fis connaître le Désert Rouge et ses habitants à mon mari John. Ensemble, nous partîmes à la recherche des chevaux sauvages dans les montagnes et déserts les plus reculés de l'Ouest. Après une année passée en leur compagnie, nous avions appris à les connaître.

À LA RENCONTRE DES

Les chevaux sont très sociaux. Ils adorent se toiletter, se toucher, se sentir, jouer ensemble et dormir en groupe.

CHEVAUX SAUVAGES

Les chevaux sauvages sont parfois appelés les mustangs. Le mot évoque la puissance et le courage et vient de *mestengo* en espagnol mexicain qui signifie « marron », c'est-à-dire retourné à l'état sauvage. Mais un cheval sauvage n'est pas vraiment un cheval marron. Quelle est la différence ?

Les chevaux sauvages qui ont d'abord vécu auprès des hommes sont dits « marrons ». Ils se sont échappés, ou ont été relâchés par leur propriétaire. Ils errent autour des fermes ou des maisons, à la recherche de nourriture.

Véloce et sûr de lui, cet étalon se lance dans une charge feinte dans le Désert Rouge. Puis, il tourne les talons et s'éloigne au galop.

Protégés par leur épais pelage d'hiver, une jument que nous avons baptisée Gimpy et son nouveau-né, Flag, subissent les assauts d'une tempête de neige.

Contrairement à eux, les chevaux qui vivent en liberté depuis toujours connaissent bien le territoire qu'ils parcourent. Ils se débrouillent seuls pour trouver de l'eau et de la nourriture. Ils se méfient de l'homme. Leurs ancêtres ont été domestiqués et ramenés sur le continent américain au début du XVIe siècle par les explorateurs espagnols. Certains se sont échappés et ont retrouvé la liberté sur l'immense prairie américaine. Livrés à eux-mêmes, ils sont rapidement redevenus sauvages.

Les chevaux ne chassent pas et la nature ne leur a pas fourni de griffes ni de crocs. Leurs dents sont faites pour couper, mâcher et broyer les plantes. Comme tous les autres herbivores, ce sont des proies pour les carnivores. Ils peuvent être attaqués et tués par les prédateurs.

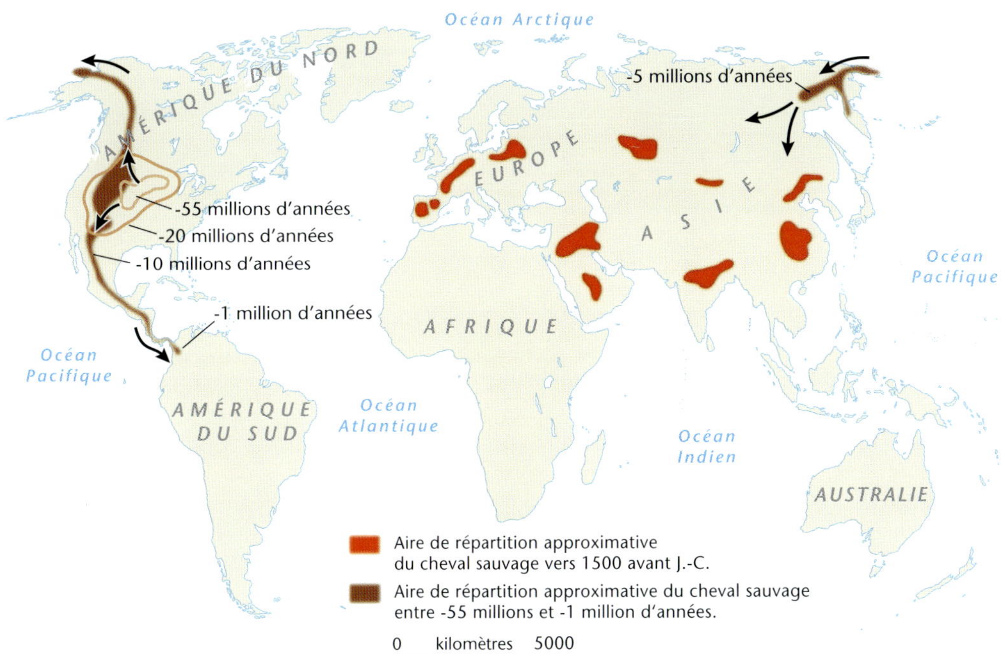

Cette carte montre comment le cheval sauvage (Equus caballus) *est apparu en Amérique du Nord avant de gagner l'Asie puis l'Europe. Il a disparu pendant un temps des Amériques puis a été réintroduit à partir de 1519. On trouve aujourd'hui des groupes isolés de chevaux sauvages sur presque tous les continents.*

COMMENT PARLENT LES CHEVAUX SAUVAGES ?

Ils s'expriment beaucoup par le corps mais émettent aussi des sons.

— Ils hennissent bruyamment pour appeler d'autres chevaux.

— Ils hennissent doucement en faisant vibrer leurs cordes vocales pour se saluer.

— Ils soufflent par les naseaux lorsqu'ils sont curieux ou pour se saluer.

— Ils grondent, tête dressée, en cas de danger.

— Ils poussent des cris aigus lorsqu'ils sont contrariés ou pendant les combats.

Les chevaux sauvages sont donc toujours en alerte. Ils surveillent les alentours en permanence, prêts à fuir devant l'homme, un véhicule ou même un journal emporté par le vent. Leurs grands yeux scrutent un vaste territoire, et leurs petites oreilles peuvent pivoter indépendamment l'une de l'autre pour capter les sons de toutes parts. Leurs membres sont puissants et leur permettent de se rendre rapidement en lieu sûr.

Ils sont plus petits que les chevaux domestiques et leurs longues crinières sont pleines de nœuds.

Effrayés par un hélicoptère, les chevaux galopent vers le piège tendu entre les buttes de grès par les cow-boys du gouvernement. Beaucoup seront relâchés et retrouveront leur liberté. D'autres seront dirigés vers des centres d'adoption.

Leur ossature est puissante et leurs sabots sont durcis à force de galoper sur des terrains rocailleux. Ce sont de véritables athlètes qui sautent les obstacles et nagent pour traverser les cours d'eau.

Les chevaux sauvages vivent dans les forêts, montagnes, déserts, steppes, marais et langues de sable des lagunes. Ils supportent les chaleurs torrides de l'été, ainsi que les blizzards de neige et de glace de l'hiver. Ils font face à de nombreux dangers : avalanches, éboulements, foudre et rivières en crue.

LES HARDES

Dressés sur leurs membres postérieurs, les étalons jouent à se défier. Ils apprennent à se battre pour être capable plus tard, vers l'âge de cinq ans, de gagner les faveurs d'une jument.

FAMILIALES

Jamais loin de sa famille et réchauffé par le soleil d'hiver, l'étalon Crow permet au petit Flag de se blottir contre lui.

Par un petit matin glacé dans le désert du Wyoming, nous avons découvert un cheval sauvage nouveau-né. Mouillé et frissonnant, le petit poulain essayait de se mettre debout. Il trébuchait sur ses jambes branlantes.

Sa mère le léchait et le poussait gentiment du bout du nez. Il appela et elle hennit doucement. Il fut bientôt sur ses jambes et chercha le ventre de la jument. Le poulain avala sa première gorgée de lait chaud. Il inhala l'odeur de sa mère. Elle le renifla. Ce sont ces odeurs et ces voix qui leur permettront plus tard de se reconnaître.

Chassés de leur harde familiale, les jeunes mâles rejoignent des bandes de célibataires. Un célibataire est un mâle sans partenaire. Le toilettage mutuel leur permet de se sentir mieux.

Nous avons baptisé le poulain Flag (drapeau), parce qu'il avait la queue bouffante, et sa mère Gimpy (boiteuse) parce qu'elle boitait légèrement.

Les chevaux sauvages vivent presque toute leur vie dans un groupe appelé harde ou harem. La harde se compose d'un chef, mâle dominant qu'on appelle étalon, de ses juments et de leurs poulains. Les chevaux sauvages n'aiment pas être seuls. Mais comme toutes les juments sur le point de mettre bas, Gimpy s'est éloignée pour pouliner et créer des liens avec son nouveau-né. Elle sait que, parfois, d'autres juments essaient de s'approprier un nouveau-né lorsqu'elles ont perdu le leur.

Après quelques jours passés à dormir ou à téter, Flag pouvait déjà galoper. Les chevaux sauvages vivent depuis toujours sur les plaines. Pour se protéger de leurs prédateurs, ils ont dû s'adapter et devenir des « coureurs ». Les poulains doivent se mettre debout et courir avec le troupeau dès leur naissance.

Nous étions là pour voir Gimpy et Flag rejoindre le troupeau. La famille accueillit le nouveau-né avec enthousiasme. Lorsque l'étalon vint le renifler, Flag se mit à claquer des dents. Il était paniqué et semblait dire « Je ne suis qu'un petit cheval, s'il vous plaît ne me faites pas de mal ! » L'étalon noir que nous avions baptisé Crow (corbeau) ne voulait que le protéger. Flag se blottit alors sous l'encolure rassurante de l'étalon et s'apaisa.

↑ *Par temps faste, les chevaux sommeillent ou se roulent dans l'herbe. Quand la nourriture se fait plus rare, ils doivent passer plus de temps à paître.*

Le troupeau se mit bientôt en marche et Flag suivit le mouvement. Quelques semaines plus tard, il gambadait et jouait avec les pouliches et les autres poulains. S'ils s'éloignaient trop, Crow leur courait après, tête baissée. Il les ramenait fièrement en sûreté au sein du troupeau.

Tels des avions s'apprêtant à décoller, ces chevaux attendent leur tour au point d'eau. Ce sont les hardes dont les étalons sont les plus dominants qui ont le droit de boire en premier.

Le soleil de l'été réchauffa la plaine. Flag s'était endormi tandis que les autres étaient en train de paître au milieu des fleurs du désert. Les poulains se grattaient les uns les autres de leurs petites dents pour soulager leurs démangeaisons.

Vers l'âge de trois ans, les poulains sont chassés de la harde par l'étalon dominant. Ils rejoignent une bande de célibataires avec laquelle ils poursuivent leurs gambades. Dressés sur leurs jambes, ils feignent de se battre, montrent les dents et hennissent. Puis, lorsqu'ils deviennent adultes, ils s'approchent des hardes pour essayer d'en détourner une jument. Pendant la saison de reproduction, les combats entre étalons sont bien réels. Flag n'y a pas échappé et il a dû apprendre à ne pas prendre de coups.

Il se mit à faire de plus en plus chaud et l'eau se fit plus rare. Tous les soirs, la première jument menait la harde au point d'eau. Elle courait devant et les autres suivaient. L'étalon venait en arrière-garde. Les chevaux s'éclaboussaient et se roulaient dans la mare scintillante.

La harde ne s'est pas attardée. Les points d'eau sont des endroits dangereux où les prédateurs ont l'habitude d'attaquer. Même si aujourd'hui le puma est l'un des rares à s'attaquer encore aux chevaux sauvages de l'Ouest américain, ces derniers continuent d'obéir à leur instinct et de fuir au moindre signe suspect.

GÉRER

Les chevaux sont rassemblés par des cow-boys assistés par des hélicoptères. Cela permet de contrôler les populations toujours plus nombreuses sur les terres du domaine public.

LES TROUPEAUX

Si vous survolez en rase-mottes les déserts du Nevada ou les versants herbeux du Montana, vous apercevrez peut-être de petits groupes de chevaux. Éparpillées sur leur territoire, une vallée ou un massif montagneux, ces hardes forment un troupeau.

Ces populations ne peuvent être laissées sans contrôle. Pour comprendre pourquoi, faisons un retour en arrière. Lorsque les chevaux sauvages se sont dispersés sur tout le continent, les Indiens ont appris à les capturer et à les dresser pour la chasse aux bisons ou pour la guerre.

Poussiéreux et fatigués, les chevaux sauvages se pressent les uns contre les autres dans un coin d'un enclos provisoire.

La famille d'un éleveur admire un joli petit poulain qu'elle est prête à adopter.

MANGER, BOIRE, MANGER

- Les chevaux sauvages broutent une herbe dure et poussiéreuse. Ce fourrage grossier leur use les dents et, avec l'âge, il devient de plus en plus difficile pour eux de se nourrir. Ils s'affaiblissent et ne peuvent résister à la sécheresse ou au froid. Très peu de chevaux sauvages vivent au-delà de 20 ans.
- Les chevaux sauvages boivent dans les ruisseaux, les lacs et les rivières. Ils mangent de la neige et cassent la glace pour atteindre l'eau.
- Outre l'herbe qu'ils préfèrent, ils avalent quotidiennement jusqu'à 3 kilos de feuilles, fleurs, chardons et brindilles.
- Les chevaux affamés peuvent grignoter l'écorce des arbres, manger leur crottin et même leur propre fourrure.

Plus tard, des milliers d'entre eux furent capturés et vendus à la cavalerie ou dans les ranchs. Et certains furent abattus et transformés en viande pour chiens ou chats.

Velma B. Johnson s'adressa alors au grand public pour dénoncer les traitements réservés à ces chevaux. Les journaux publièrent des reportages et les enfants des écoles écrivirent des milliers de lettres.

En 1971, le Congrès des États-Unis vota une loi pour protéger les chevaux et ânes sauvages vivant en liberté.

Il est désormais interdit de les capturer, de les harceler ou de les tuer.

Aujourd'hui, près de 29 500 chevaux sauvages vivent sur environ 45 300 kilomètres carrés de terres publiques. Ils sont libres de vagabonder à leur guise mais ils sont limités par les clôtures qui protègent les ranchs, les habitations, les usines et les autoroutes. Les chevaux sauvages ont peu de prédateurs naturels. Leur nombre doublerait presque tous les cinq ans si aucun contrôle n'était mis en place.

Quelques étalons sauvages sont dressés dans les prisons de l'État. Les hommes doivent traiter les chevaux avec douceur s'ils veulent s'en faire des amis.

Une mère frotte son nez sur celui de son poulain dans les montagnes du Montana.

Trop nombreux, ils finiraient par dénuder complètement les pâturages. Ils n'auraient plus d'eau et mourraient tous de faim et de soif.

Aux États-Unis, une agence gouvernementale, le Bureau de gestion des terres, s'occupe des espaces relevant du domaine public. De nombreux utilisateurs vivent sur ces territoires. Les chevaux sauvages doivent partager les pâturages avec le bétail domestique, les cerfs, les élans, les mouflons et les antilopes pronghorn. Des sociétés privées veulent exploiter les ressources naturelles : charbon, pétrole, gaz, uranium et même énergie éolienne. Chasseurs, pêcheurs, randonneurs et vacanciers utilisent aussi ces terres.

C'est au Bureau de gestion des terres de maintenir l'équilibre. Un traitement contraceptif empêchant les juments de se reproduire pendant quelques années est à l'étude. Les chevaux capturés sont adoptés ou vendus à des gens qui en prendront soin.

La gestion des troupeaux contribue à la préservation de ces animaux sauvages et à la protection de leurs territoires afin qu'ils restent libres et en pleine santé.

COMMENT AIDER

Les étalons se défient en frappant le sol de leurs sabots.

Les chevaux sauvages ont vécu près de l'homme pendant des siècles. Mais nous avons attendu de les dompter, afin de les monter ou de leur faire transporter de lourds fardeaux, pour les apprécier vraiment. Aujourd'hui, les éleveurs n'aiment pas les chevaux sauvages parce qu'ils font concurrence à leur bétail sur les pâturages. Chasseurs et mineurs aimeraient aussi en être débarrassés.

Des chevaux adoptés ont été illégalement vendus pour la boucherie et des chevaux sauvages sont encore tués parfois.

Ces chevaux font partie intégrante des vastes territoires nord-américains. Nous adorons les voir galoper à l'horizon ou paître paisiblement. Nous aimons les photographier ou les peindre, et les célébrer en poésie ou en chanson. Nous prenons plaisir à les observer simplement, libres et puissants.

Voici ce que tu peux faire pour aider à les protéger.

- Le sort de la nature sauvage est entre nos mains. Les lois peuvent changer. En 2005, le gouvernement américain a autorisé la vente des chevaux sauvages. Depuis, beaucoup ont été tués ou exportés pour en faire de la viande pour chiens et chats. Des centaines seront peut-être encore abattus.

- Dis-le autour de toi et fais un exposé à l'école. Explique pourquoi nous devons laisser les chevaux libres de galoper dans les prairies, les déserts et les montagnes.

- Sache que le Bureau de gestion des terres a créé un fonds pour les chevaux enlevés à leurs terres en raison du feu ou de la sécheresse. Sache aussi qu'il existe des fondations et associations pour la préservation des mustangs.

À TON TOUR

À présent que tu connais mieux les chevaux sauvages, tu as peut-être envie d'aller les voir. Tu trouveras des adresses dans les guides et sur Internet.

Avant de te rendre dans les lieux reculés où vivent les chevaux, entraîne-toi à observer les petits animaux sauvages de ta région, sans leur donner à manger. Ce serait tricher ! Vois comme les oiseaux ou les écureuils maintiennent une distance de fuite. Approche et ils s'enfuient. Calcule cette distance et attends. Ils approcheront peut-être et te laisseront les observer.

Les chevaux sauvages ont également une distance de fuite.

À quelle distance peux-tu approcher des chevaux dans un pré ? Vois comme ils te fixent des yeux, dressent les oreilles et s'éloignent ensemble. Sois patient. Assieds-toi et évite les mouvements brusques. Ils reviendront peut-être lentement.

Ces exercices te permettront peut-être d'observer ensuite leurs congénères sauvages. Mais ne te cache pas derrière un rocher ou un buisson. Cela leur rappellerait les embuscades des prédateurs, comme le tigre à dents de sabre que craignaient tant leurs ancêtres.

Se rouler sur le dos aide les chevaux à apaiser les piqûres d'insectes et autres démangeaisons.

À RETENIR

Le lait riche de sa mère aidera ce petit poulain à devenir un puissant étalon.

Nom scientifique
Equus caballus

Noms vernaculaires
Cheval sauvage, cheval marron et mustang.

Taille
Sa taille varie entre 150 cm et 160 cm au garrot, là où l'encolure atteint le dos. Les adultes pèsent entre 320 et 450 kg.

Longévité
Beaucoup vivent de 12 à 15 ans. Quelques-uns atteignent l'âge de 20 ans.

Traits particuliers
Parce qu'ils mènent depuis longtemps une vie rustique, les chevaux sauvages ont développé une ossature puissante, des sabots durs et une grande résistance. Ils ont les plus grands yeux de tous les mammifères terrestres. Ils peuvent voir derrière eux sans tourner la tête. Ces yeux sont bifocaux : la moitié supérieure fait le point sur les objets lointains et la moitié inférieure sur un brin d'herbe à quelques centimètres de là. Les oreilles bougent indépendamment l'une de l'autre pour mieux localiser l'origine des sons. Les chevaux dorment aussi bien debout que couchés. Cela leur permet de fuir plus vite, la nuit comme le jour.

Habitat
Les chevaux vivent dans les prairies, les piémonts et les semi-déserts de l'Ouest, à l'orée des forêts et sur les langues de sable des lagunes de l'est des États-Unis. Ils vivent aussi en Amérique du Sud, en Afrique, en Asie, en Australie et en Nouvelle-Zélande.

Nourriture
Ils se nourrissent de graminées, feuilles, fleurs sauvages et brindilles. Ils peuvent boire jusqu'à 40 litres d'eau par jour.

Comportement social
Les chevaux aiment être ensemble. On compte, dans les hardes sauvages, de 2 juments jusqu'à plus de 20. Elles sont accompagnées de leurs poulains. Les animaux sociaux préfèrent vivre parmi les autres animaux, mais ils peuvent s'adapter à l'homme et être dressés. Ils finissent par accepter leur famille humaine comme un nouveau troupeau.

Reproduction
Les chevaux sauvages s'accouplent au printemps ou au début de l'été. Les étalons commencent à se

reproduire vers l'âge de 3 ou 4 ans. La gestation dure 11 mois pour un seul poulain ; les jumeaux sont rares. Ils sont allaités jusqu'à ce que la mère s'apprête à donner naissance au poulain suivant, mais ils commencent à mâchonner des herbes vers l'âge de 2 mois.

Population

L'Ouest américain accueille environ 30 000 chevaux sauvages. Ils sont autant dans les corrals (ou enclos) du Bureau de gestion des terres. Plusieurs centaines vivent sur les îles des lagunes côtières et dans les zones boisées de l'Est.

Les menaces

Les chevaux sauvages américains ont peu d'ennemis naturels. Dans l'Ouest, les pumas attaquent parfois les chevaux. Les loups pourraient aussi redevenir une menace. Mais le plus grand danger est celui de la disparition des territoires sur lesquels ils vivent. Les populations de chevaux peuvent augmenter rapidement et empiéter sur les terres destinées au bétail, aux industries minières, ou à la construction de maisons secondaires. Les programmes d'adoption risquent de ne pas être suffisants. Le gouvernement cherche des solutions acceptables pour tous.

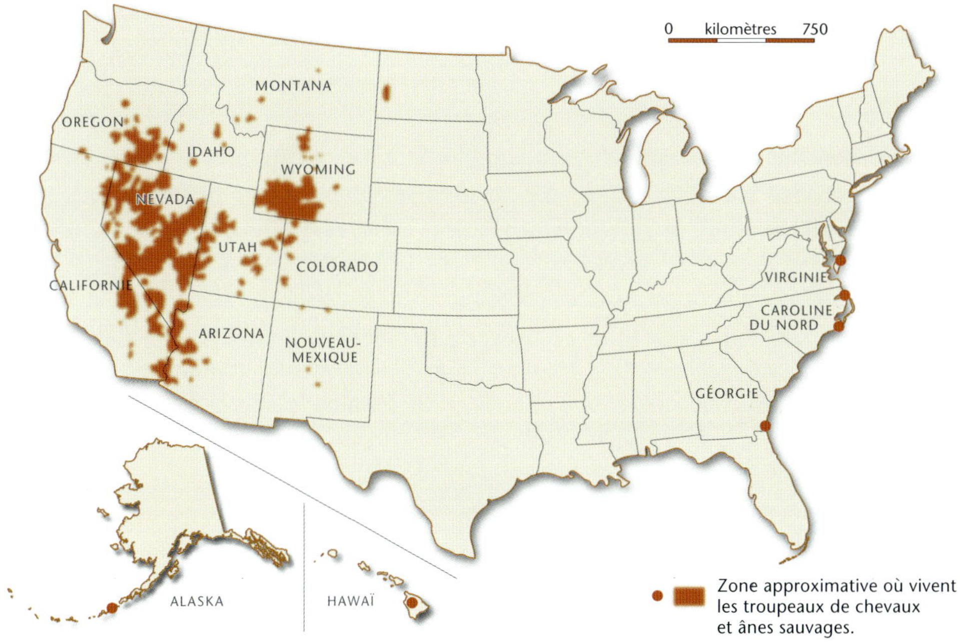

La carte ci-dessus montre où vivent aujourd'hui les chevaux sauvages aux États-Unis.

GLOSSAIRE

Célibataire : Animal mâle sans partenaire.
Domaine vital : Vaste zone sur laquelle vit la harde.
Domestique : Animal dont les ancêtres ont été dressés et élevés par les hommes pour en renforcer certains caractères tels que la taille, l'aspect ou le tempérament. Les animaux domestiques peuvent être plus fragiles que leurs cousins sauvages.
Dominant : Cheval hardi, souvent agressif. Un dominant peut être mâle ou femelle.
Étalon : Cheval mâle mature.
Jument : Cheval femelle mature.
Marron : Animal domestique retourné à l'état sauvage.
Poulain : Jeune cheval mâle de moins de quatre ans.
Pouliche : Jeune cheval femelle de moins de quatre ans.
Prédateur : Animal qui doit tuer pour se nourrir.
Proie : Tout animal, comme les chevaux sauvages, dont se nourrissent les prédateurs.
Troupeau : Groupe de hardes familiales dont les territoires sont proches ou se recoupent.

POUR EN SAVOIR PLUS

Livres et articles

VANTAL Anne, *Le cheval - Libre comme le vent*, Milan Jeunesse, 2008.

DUEY Kathleen, *Katie et le cheval sauvage, Tome 1, Une rencontre inespérée*, Flammarion, 2005.

FARLEY Walter, *Flamme, cheval sauvage*, Hachette Jeunesse, 2000.

SILVESTER Hans, *Chevaux de Camargue*, La Martinière, 2009.

ROUSSEAU Élise, BRÉGUET Marguerite, *Chevaux racontés aux enfants*, La Martinière Jeunesse, 2005.

ROBERTS Monty, *Shy Boy : Le cheval sauvage qui venait du désert*, Albin Michel, 1999.

DVD

Chevaux sauvages d'Amérique, http://www.cheval-nature.com/boutique/audio-video/chevaux-sauvages-amerique.html

Chevaux et cavaliers du monde, Dpm, 2009.

Les plus beaux chevaux du monde, Dpm, 2009.

LOHMAN Alison, *Flicka*, Fox Pathe Europa, 2007.

LAMORISSE Albert, *Crin-Blanc*, 1953.

Sites internet

http://www.dinosoria.com/cheval_sauvage.htm
Pars à la découverte des chevaux sauvages de Mongolie ou chevaux de Przewalski.

http://fr.wikipedia.org/wiki/Mustang_(cheval)
Tu en sauras encore plus sur les mustangs et leurs origines.

http://fr.wikipedia.org/wiki/Cheval_sauvage
Fais un tour du monde des chevaux sauvages.

INDEX

Les caractères gras indiquent les photos.

REMARQUES SUR LES RECHERCHES ET LES PHOTOS

Nous suivons les chevaux sauvages depuis de nombreuses années. Avant chaque voyage, nous vérifions l'état des pneus du camion et de son moteur. Nous emballons tout notre équipement, nos sacs de couchage et nous prévoyons beaucoup de nourriture. Là où nous allons, il n'y a ni garage, ni magasin à des kilomètres à la ronde.

Il nous faut des jours entiers pour trouver les chevaux. Ils sont toujours en mouvement, en quête d'eau et de nourriture. Ils recherchent l'ombre et les endroits venteux en été pour se préserver des insectes et, en hiver, les pentes battues par le vent qui balaye la neige et expose les pâturages. Lorsque nous les trouvons, dans un canyon ou sur une arête rocheuse, nous saisissons notre matériel et nous nous séparons. Comme nous faisons John et moi des photos différentes, nous ne voulons pas risquer d'effrayer les chevaux à cause de la présence de l'autre.

Comme une maman portant son enfant, John porte sur la hanche son lourd trépied, son Canon et un long objectif de 600 mm. Ainsi, il se tient prêt à poser le trépied et à commencer à photographier. Il emballe d'autres objectifs, des piles de rechange et un talkie-walkie dans sa banane et il s'entoure la taille de vêtements supplémentaires. Il porte souvent 20 à 30 kg, mais il ne se plaint jamais.

Je porte mon appareil équipé d'un objectif de 500 mm prêt à l'emploi, mais le reste du matériel est dans mon sac à dos, ainsi que des vêtements pour me protéger du vent lorsque la température chute. J'ai aussi un talkie-walkie. Nous marchons souvent sur des pentes dangereuses qui s'effritent sous nos pas et si l'un de nous se foule une cheville ou se casse une jambe, il peut appeler l'autre qui le ramènera à la voiture ou appellera de l'aide.

–YM & JE

CE LIVRE EST DÉDIÉ AUX CHEVAUX SAUVAGES QUE NOUS AVONS APPRIS À CONNAÎTRE ET À AIMER. IL EST AUSSI DÉDIÉ À NOTRE FILLE TARA QUI AIME TOUS LES ÉQUIDÉS. – YM & JE

Remerciements :
Nous remercions tous les chevaux sauvages qui ont toléré notre présence et comprenons ceux qui ne l'ont pas fait. À leurs yeux, nous ne sommes sans doute que des taons tenaces venus les importuner. Nous remercions les agents du BLM du Wyoming, plus particulièrement Thor Stephenson et Roy Packer, ainsi que Vic McDarment, Bobby Anderson, Todd Nunn et Jim Williams. Nous avons beaucoup appris de feu le Révérend Flyod Schwieger qui s'occupait si bien des mustangs de Pryor Mountains, et de Linda Coats-Markle, spécialiste des chevaux sauvages du BLM du Montana. Nos remerciements vont aussi à la famille Brislawn, propriétaires du Ranch Cayuse, dans le Wyoming, qui nous ont laissés photographier leurs magnifiques mustangs espagnols et jouer avec eux. Nous avons apprécié l'aide de Dean Bolstad, chef de division adjoint du Programme des chevaux et ânes sauvages du Nevada. Nous remercions l'agence Minden Pictures pour avoir scanné beaucoup d'images. Et nous remercions Kel Van Demark dont les magiques interventions ont permis à notre 4x4 de nous mener là où nous voulions aller.
– *Yva Momatiuk et John Eastcott*

L'éditeur est extrêmement reconnaissant de l'aide apportée par Christine Kiel, le Muséum américain d'Histoire Naturelle et le Dr Jay Kirkpatrick, Directeur du Science and Conservation Center.

Face aux chevaux sauvages
est une publication de la National Geographic Society

Président directeur général :
John M. Fahey Jr.
Président du conseil d'administration :
Gilbert M. Grosvenor
Président de Global Media Group :
Tim T. Kelly
Président de la publication :
John Q. Griffin
Vice-présidente exécutif ; Présidente du Département livres : Nina D. Hoffman

Édition originale

Vice-présidente et Éditrice en chef des collections jeunesse :
Nancy Laties Feresten
Directeur maquette et illustrations, collections jeunesse : Bea Jackson
Rédactrice exécutif : Amy Shields
Rédactrices projet : Jennifer Emmett, Mary Beth Oelkers-Keegan
Directeur artistique : David M. Seager
Rédactrice illustrations : Lori Epstein
Documentaliste : Jocelyn G. Lindsay
Directeur cartographie : Carl Mehler
Première assistante administrative :
Felita Vereen-Mills
Directrice de la rédaction :
Jennifer Thornton
Directrice associée de la rédaction :
Grace Hill
Service juridique : Susan Borke

Conception graphique : David M. Seager
La police utilisée pour le texte de ce livre est ITC Century, et pour les textes de présentation, Knockout et Party Noid.

Édition française

NG France

Direction : Pierre-Olivier Bonfillon
Direction éditoriale : Françoise Kerlo
Responsable d'édition : Marilyn Chauvel
Responsable de production :
Alexandre Zimmowitch
Adaptation française : Opixido
Traduction : Anne Saint-Girons

ISBN : 978-2-84582-307-5

Imprimé en Slovénie par PP-F.
Dépôt légal : mars 2010